LE
DIAPASON DU DESSIN

OU LE **LECTEUR** ET LE **CORRECTEUR**

DE TOUS LES GENRES DE

DESSIN D'APRÈS NATURE

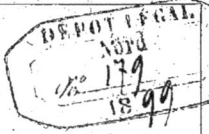

SOCIÉTÉ ANONYME

AU CAPITAL DE 400.000 FRANCS

Divisé en 4.000 Actions de 100 fr. chacune.

Siège social provisoire : 51, Rue de Belleville, PARIS.

STATUTS

Déposés en l'Étude de Mᵉ **MABILLE DE PONCHEVILLE**, Notaire à Lille.

LILLE,
IMPRIMERIE L. DANEL.

1899.

LE
DIAPASON DU DESSIN

OU LE **LECTEUR** ET LE **CORRECTEUR**

DE TOUS LES GENRES DE

DESSIN D'APRÈS NATURE

SOCIÉTÉ ANONYME

AU CAPITAL DE 400.000 FRANCS

Divisé en 4.000 Actions de 100 fr. chacune.

Siège social provisoire : 51, Rue de Belleville, PARIS.

STATUTS

Déposés en l'Étude de Me MABILLE DE PONCHEVILLE, Notaire à Lille.

LILLE,
IMPRIMERIE L. DANEL.
—
1899.

STATUTS

TITRE PREMIER.

Formation et objet de la Société. — Dénomination. Siège. — Durée.

ARTICLE PREMIER.

Il est formé entre tous les souscripteurs et les propriétaires des actions ci-après créées une société anonyme qui sera régie tant par les lois du 24 juillet 1867 et 9 août 1893 que par les présents statuts.

ART. 2.

La Société a pour objet :

1° L'exploitation du brevet pris en France et apporté à la Société par M. Picard Mathurin, demeurant à Paris, 51, rue de Belleville sous le N° 239.903 à la date du 9 juillet 1894, ledit brevet régulier et relatif à l'invention d'un appareil dénommé le **DIAPASON DU DESSIN**.

Art. 3.

La Société prend la dénomination **LE DIAPASON DU DESSIN** avec le sous-titre le **LECTEUR** et le **CORRECTEUR** de tous les genres de dessin **D'APRÈS NATURE**.

Art. 4.

Le siège provisoire de la Société est à Paris, 51, rue de Belleville, il pourra être transféré partout ailleurs dans toute autre ville par décision du Conseil d'administration.

La Société pourra en outre, avoir des bureaux agences ou succursales dans toute autre ville en France.

Art. 5.

La durée de la Société est fixée à trente années à compter du jour de sa constitution définitive sauf le cas de dissolution anticipée ou de prorogation prévue aux présents statuts.

TITRE II

Apports. — Parts Bénéficiaires.

Art. 6.

M. Picard Mathurin apporte à la Société le brevet qu'il a pris en France sous le N° 239.903 pour 15 années à partir du 9 juillet 1894.

Ensemble toutes modifications, additions ou améliorations qui pourraient être apportées au dit brevet relatifs à l'invention d'un appareil dénommé le **DIAPASON DU DESSIN**.

Sans aucune autre garantie que celle de l'existence de ce brevet, l'apporteur acquittera toutes taxes et versements à échoir au jour de la constitution définitive de la Société sur ledit brevet.

L'outillage et le matériel complet nécessaire à la fabrication.

Ses études, ses connaissances techniques tant de la fabrication de son appareil que de l'enseignement du dessin, ses relations dans le monde artistique et enseignant, ses conférences et la clientèle du Conseil général de la Seine et de la direction de l'enseignement primaire, officiel de la ville de Paris.

Tous les dessins techniques concernant l'instrument qui ont été couronnés d'une médaille d'or à l'Exposition universelle de Bordeaux 1897.

Les pourparlers engagés avec diverses municipalités les plus importantes.

Entrée en jouissance.

La Société sera propriétaire du brevet pris par M. Picard et énoncé ci-dessus, elle en jouira et disposera à partir de sa constitution définitive.

Conditions des apports.

Les apports sont faits à la charge par la présente Société :

1° De prendre à son compte l'exploitation du brevet à partir du jour de sa constitution définitive en conséquence de se substituer à M. Picard à partir de cette époque pour les marchés, commandes et livraisons à recevoir ou à exécuter.

2° De prendre tout le matériel dans l'état où il se trouvera au jour de l'entrée en jouissance sans aucune garantie de l'apporteur pour vices de construction, mauvais état, dégradation, vétusté ou autre cause quelconque.

3° De payer les droits d'enregistrement et frais relatifs à la constitution de la Société, tous ceux qui en seront la suite, et ratifier tout traité qui serait passé par l'apporteur en vue de la constitution.

Art. 7.

En représentation de ses apports il est attribué à M. Picard :

1° Cinq cents actions entièrement libérées à prendre sur celles ci-après créées formant ensemble cinquante mille francs.

2° Cent cinquante mille francs en espèces qui lui seront payés sans intérêts, savoir :

Cinquante mille francs à la constitution de la Société et le surplus au fur et à mesure des versements effectués sur les actions.

3° La portion des bénéfices qui sera stipulée sous les articles 55-61, ci-après.

Pour représenter ce droit il est créé 4.000 parts de fondateurs sans valeur nominale donnant droit chacune à 1/4000 de la dite portion des bénéfices.

La forme de ces titres sera déterminée par le Conseil d'administration, la possession d'une part bénéficiaire comporte de plein droit adhésion aux présents statuts et aux délibérations de l'assemblée générale des actionnaires.

Les dispositions des articles 18, 19, 22 et 24 ci-après concernant les actions sont applicables aux parts bénéficiaires.

Art. 8.

Les parts bénéficiaires ne confèrent aucun droit de propriété sur le fonds social, mais seulement un droit de partage dans les bénéfices, comme il est dit aux articles 55 et 61 ci-après.

Les porteurs de parts n'ont aucun droit de s'immiscer, à ce titre, dans les affaires sociales, ni d'assister aux Assemblées générales des actionnaires ; ils doivent, pour l'exercice de leurs droits, notamment pour la fixation du dividende, s'en rapporter aux inventaires sociaux et aux décisions de l'Assemblée générale. Ils ne pourront s'opposer aux modifications qui seraient apportées aux statuts par l'Assemblée générale, en tant qu'elles ne porteraient pas atteinte à leur droit à ladite portion de bénéfices.

En cas d'augmentation du capital social, les droits des parts à cette portion de bénéfices ne seront pas diminués ; ils seront maintenus, quelle que soit l'importance de l'augmentation.

Dans le cas où la durée de la Société serait prorogée, les droits des parts resteront les mêmes pendant la période d'existence ultérieure résultant de la prorogation.

En cas de vente de l'actif social ou d'apport à une Société après l'expiration du terme de la Société ou après sa dissolution anticipée, les parts bénéficiaires participeront aux avantages en résultant, selon leurs droits déterminés par les présents statuts.

Art. 9.

Les porteurs de parts bénéficiaires devront, pour l'exercice de leurs droits et la surveillance de leurs intérêts, se faire représenter vis-à-vis de la Société par un ou plusieurs mandataires, dont le nombre ne pourra toutefois excéder trois.

A cet effet, ils pourront se constituer en syndicat et la Société ne sera tenue de faire aucune communication à d'autres qu'aux gérants du syndicat ou aux mandataires constitués sous une autre forme.

TITRE III.

Fonds social. — Actions.

Art. 10.

Le fonds social est fixé à 400.000 francs et divisé en 4.000 actions de 100 francs chacune dont 500 sont attribuées aux fondateurs et trois mille cinq cents à souscrire en numéraire.

Art. 11.

Le montant des actions à souscrire est payable savoir :
Un quart en souscrivant.

Les trois autres quarts en une ou plusieurs fois aux époques fixées par le Conseil d'administration conformément à l'article 13 ci-après.

Art. 12.

Le capital social pourra toujours être augmenté en une ou plusieurs fois, par la création d'actions nouvelles, en représentation d'apports en nature ou contre espèces, en vertu d'une décision de l'Assemblée générale des Actionnaires, prise dans les termes de l'article 50 ci-après.

Les propriétaires des actions antérieurement émises ainsi que les porteurs de parts bénéficiaires auront, dans la proportion des titres par eux possédés, un droit de préférence à la souscription des actions nouvelles qui seraient émises contre espèces.

L'Assemblée générale peut aussi, en vertu d'une délibération prise comme il vient d'être dit, décider la réduction du capital social, au moyen du rachat d'actions, d'un échange de nouveaux titre d'un nombre équivalent ou moindre, ayant ou non le même capital, ou de toute autre manière.

Art. 13.

Les appels de fonds seront faits par le Conseil d'administration, qui fixera l'importance de la somme appelée, ainsi que le lieu et les époques où devront être effectués les versements.

Ils auront lieu, soit par lettres individuelles, soit au moyen d'avis insérés dans un journal d'annonces légales de Paris, quinze jours au moins à l'avance.

Art. 14.

Tout versement en retard porte intérêts de plein droit au profit de la Société, à raison de six pour cent par an, à compter du jour de l'exigibilité, et sans aucune mise en demeure.

Art. 15.

A défaut de paiement des versements exigibles, la Société poursuit les débiteurs et peut faire vendre les actions en retard.

A cet effet, les numéros de ces actions sont publiés comme défaillants dans un journal d'annonces légales de Paris et, quinze jours après cette publication, il est procédé à la vente des actions, pour le compte et aux risques et périls du retardataire, sans aucune mise en demeure ni formalité judiciaire.

Cette vente a lieu à la Bourse de Paris, par le ministère d'un agent de change, si les actions sont cotées, et, dans le cas contraire, aux enchères publiques, en l'étude et par le ministère d'un notaire.

Les titres ainsi vendus deviennent nuls de pleins droit ; il en est délivré aux acquéreurs de nouveaux, sous les mêmes numéros.

Le prix de la vente des titres d'actions s'impute, dans les termes de droit, sur ce qui est dû à la Société par l'actionnaire exproprié, qui reste passible de la différence ou profite de l'excédent.

Tout titre qui ne porte pas mention régulière des versements exigibles cesse d'être négociable ; aucun dividende ne lui sera payé.

Les mesures autorisées par le présent article ne font pas obstacle à l'exercice simultané, par la Société, des moyens ordinaires et de droit.

Art. 16.

Le premier versement sera constaté par un récépissé nomi-

natif qui sera, après la constitution définitive de la Société, échangé contre un titre provisoire d'action également nominatif.

Tous versements ultérieurs, sauf le dernier, sont mentionnés sur le titre provisoire.

Le dernier versement est fait contre la remise d'un titre définitif d'action.

Art. 17.

Les actions émises contre espèces sont nominatives jusqu'à leur entière libération. Après leur libération, elles sont nominatives ou au porteur, au choix de l'actionnaire.

Les actions d'apport sont nominatives ou au porteur, au choix de l'actionnaire. Elles restent à la souche pendant deux ans, conformément à la loi, et celles qui sont au porteur sont représentées, jusqu'à leur remise, par des certificats nominatifs délivrés dans la forme ordinaire.

Art. 18.

Les titres sont extraits de registres à souche, numérotés, frappés du timbre de la Société et revêtus de la signature de deux Administrateurs.

Le Conseil d'administration pourra autoriser le dépôt et la conservation des titres dans la caisse sociale ou dans toute autre caisse qu'il jugera convenable ; il déterminera, dans ce cas, la forme des certificats de dépôt, les frais auxquels ce dépôt pourra être assujetti, le mode de leur délivrance et les garanties dont l'exécution de cette mesure devra être entourée dans l'intérêt de la Société et des actionnaires.

Art. 19.

La propriété des actions nominatives est établie par une inscription sur les registres de la Société.

La transmission de ces titres s'opère par une déclaration de transfert, signée par le cédant et le cessionnaire ou leurs mandataires, et inscrite sur les registres de la Société, conformément à l'article 36 du Code de Commerce.

La Société peut exiger que la signature des parties soit certifiée par un agent de change ou un officier public.

Les titres sur lesquels les versements échus ont été effectués sont seuls admis au transfert.

Les titres au porteur se transmettent par la simple tradition.

Les actionnaires auront la faculté, à toute époque, de convertir les actions aux porteurs en titres nominatifs, et réciproquement. Le Conseil d'administration déterminera les formes de la conversion et les frais auxquels elle pourra être assujettie.

Art. 20.

Les actions sont indivisibles et la Société ne reconnaît qu'un propriétaire pour chaque action.

Les propriétaires indivis sont tenus de se faire représenter auprès de la Société par un seul d'entre eux, considéré par elle comme seul propriétaire.

Les représentants ou créanciers d'un actionnaire ne peuvent, sous aucun prétexte, provoquer l'apposition des scellés sur les biens et valeurs de la Société, ni en demander le partage ou la licitation ; ils sont tenus de s'en rapporter aux inventaires sociaux et aux délibérations de l'Assemblée générale.

Art. 21.

Les droits et obligations attachés à l'action suivent le titre, en quelques mains qu'il passe.

La propriété d'une action emporte de plein droit adhésion aux statuts de la Société et aux résolutions prises par les Assemblées générales.

Art. 22.

Les dividendes de toute action, nominative ou au porteur, sont valablement payés au porteur du titre.

Les dividendes non réclamés dans les cinq ans de leur mise en distribution sont prescrits au profit de la Société.

Art. 23.

Chaque action donne droit, sans distinction, à une part égale dans la propriété du fonds social et dans la part de bénéfices revenant aux actionnaires.

Art. 24.

Les droits de timbre des actions sont à la charge de la Société, qui ne peut les répéter contre les actionnaires.

Art. 25.

Les actionnaires ne sont engagés que jusqu'à concurrence des actions qu'ils possèdent et ne sont point tenus du passif au delà du capital de ces actions qui, une fois libérées, les dégagent entièrement pour l'avenir.

TITRE IV.

§ 1er. — Généralités.

Art. 26.

La Société est administrée par un Conseil composé de trois membres au moins et de cinq au plus pris parmi les associés et nommés par l'Assemblée générale des Actionnaires.

La durée de leurs fonctions est de trois ans.

Les administrateurs peuvent toujours être réélus.

Dans le premier Conseil entrera M. Picard Mathurin, demeurant 51, rue de Belleville, à Paris, sa nomination ne sera pas soumise à l'Assemblée générale.

L'assemblée constitutive pourvoira à la nomination des autres administrateurs et pourra porter à six ans la durée de leur mandat.

Art. 27.

A l'expiration de ses fonctions, le premier Conseil sera soumis en entier à la réélection.

Ensuite le Conseil se renouvellera, à raison de un ou deux membres tous les deux ans, en alternant, s'il y a lieu, de façon à ce que le renouvellement soit complet dans chaque période de six ans et se fasse aussi également que possible, suivant le nombre de ses membres.

Pour les premières applications de ces dispositions, le sort indiquera l'ordre de sortie ; une fois le roulement établi, le renouvellement aura lieu par ancienneté de nomination.

Art. 28.

Si le Conseil est composé de moins de quatre membres, les Administrateurs ont la faculté de se compléter, s'ils le jugent utile pour les besoins du service et l'intérêt de la Société. Dans ce cas, les nominations faites à titre provisoire par le Conseil sont soumises, lors de sa première réunion, à la confirmation de l'Assemblée générale.

Si une place d'Administrateur devient vacante dans l'intervalle de deux Assemblées générales, les Administrateurs restants, délibérant à la majorité des voix, peuvent pourvoir provisoirement au remplacement, et l'Assemblée générale, lors de sa première réunion, procède à l'élection définitive. Toutefois, le Conseil peut, s'il le juge convenable, continuer à fonctionner sans procéder au remplacement, tant que le nombre de ses membres n'est pas descendu au-dessous de trois.

L'Administrateur nommé en remplacement d'un autre ne demeure en fonctions que pendant le temps qui reste à courir de l'exercice de son prédécesseur, à moins que l'Assemblée ne fixe, par sa décision, une autre durée des fonctions de l'Administrateur remplaçant.

Art. 29.

Les Administrateurs doivent être propriétaires chacun de cinquante actions de la Société pendant toute la durée de leurs fonctions.

Ces actions sont affectées en totalité à la garantie des actes de l'Administration, même de ceux qui seraient exclusivement personnels à l'un des Administrateurs ; elles sont nominatives, inaliénables, frappées d'un timbre indiquant l'inaliénabilité et déposées dans la caisse sociale.

Art. 30.

Le Conseil nomme parmi ses membres un Président, qui peut toujours être réélu.

Il fixe la durée de ses fonctions.

En cas d'absence du Président, le Conseil d'administration est présidé par l'Administrateur le plus âgé.

Le Conseil désigne aussi la personne devant remplir les fonctions de secrétaire, laquelle peut être prise même en dehors du Conseil.

Art. 31.

Le Conseil d'administration se réunit au siège de la Société ou dans un autre endroit, sur la convocation du Président ou de deux de ses membres, aussi souvent que l'intérêt de la Société l'exige et, de droit, au moins une fois tous les mois.

La présence de la moitié au moins des membres du Conseil est nécessaire pour la validité des délibérations.

Les délibérations sont prises à la majorité des voix des membres présents. En cas de partage, la voix du Président est prépondérante.

Nul ne peut voter par procuration dans le sein du Conseil.

Dans tous les cas, aucune délibération n'est valable si elle n'est votée au moins par deux membres.

Art. 32.

Les décisions sont constatées par des procès-verbaux inscrits sur un registre tenu au siège de la Société et signés par le Président et le secrétaire.

Les copies ou extraits de ces procès-verbaux à produire en justice ou ailleurs sont certifiés par le Président du Conseil ou, à son défaut, par un autre Administrateur.

Art. 33.

Les membres du Conseil d'administration ne contractent, à raison de leur gestion, aucune obligation personnelle ni solidaire relativement aux engagements de la Société. Ils ne répondent que de l'exécution de leur mandat.

Art. 34.

Il est interdit aux Administrateurs de prendre ou de conserver un intérêt direct ou indirect dans une entreprise ou dans un marché faits avec la Société ou pour son compte, à moins qu'ils n'y soient autorisés par l'Assemblée générale.

Il est, chaque année, rendu à l'Assemblée générale un compte spécial de l'exécution des marchés ou entreprises par elle autorisés, conformément au présent article.

Art. 35.

Le Conseil d'administration reçoit des jetons de présence, dont l'importance, fixée par l'Assemblée générale, sera maintenue jusqu'à décision contraire prise par elle.

En outre, le Conseil a droit à la part de bénéfices indiquée à l'article 55 ci-après.

La répartition du tout est réglée par le Conseil.

§ 2. — Pouvoirs du Conseil d'administration.

Art. 36.

Le Conseil d'administration a les pouvoirs les plus étendus pour l'administration de la Société.

Il est investi notamment des pouvoirs suivants :

Il nomme et révoque les agents de la Société et détermine leurs attributions et leurs pouvoirs ; il fixe leurs salaires, leurs émoluments et leurs gratifications, ainsi que leurs cautionnements s'il y a lieu, le tout soit d'une manière fixe, soit autrement.

Il règle et arrête les dépenses générales de l'Administration et pourvoit à l'emploi des fonds disponibles et des réserves.

Il détermine les sommes à affecter chaque année au renouvellement et à l'amortissement du matériel.

Il statue sur toutes les opérations faisant l'objet de la Société. Il passe tous traités et marchés et décide toutes entreprises ; il fait procéder à tous travaux : il consent toutes soumissions à forfait ou autrement.

Il autorise tous achats, ventes et échanges de biens meubles et immeubles, toutes constructions et créations d'usines.

Il réalise toutes promesses de vente ; il ratifie et exécute tous engagements pris à cet égard par les fondateurs.

Il passe tous baux, locations, résiliations, avec ou sans indemnité, soit comme bailleur, soit comme preneur.

Il emprunte toutes sommes nécessaires aux besoins et affaires de la Société, soit par voie d'ouverture de crédit, soit par voie d'émission d'obligations, ou de toute autre manière, aux taux, charges et conditions qu'il juge convenables. Mais il ne peut sans autorisation de l'Assemblée générale conférer aucune hypothèque sur les immeubles de la Société, ni faire aucune émission d'obligations.

Il peut consentir toutes antichrèses et délégations, donner tous gages, nantissements et autres garanties mobilières de quelque nature qu'elles soient.

Il autorise tous retraits, transferts, cessions et aliénations de fonds, rentes, créances et autres valeurs quelconques appartenant à la Société, et ce avec ou sans garantie.

Il règle tous comptes, en fixe les reliquats actifs ou passifs.

Il représente la Société vis-à-vis des tiers, de toutes administrations, et notamment vis-à-vis de l'État, des départements et des communes, dans toutes les circonstances et pour tous les règlements quelconques.

Il règle les approvisionnements et autorise tous achats nécessaires à la construction et à l'exploitation.

Il détermine et arrête les tarifs, les transactions y relatives et le mode de payement du prix.

Il cède et achète toutes actions, obligations, parts d'intérêts, droits et valeurs quelconques, dans toutes affaires artistiques de dessin qui pourraient se créer par la suite ayant des rapports avec son industrie ou se rattachant à l'enseignement du dessin.

Il touche toutes sommes dues à la Société, à quelque titre que ce soit ; il fait tous retraits de titres et valeurs et donne toutes quittances et décharges, consent toutes subrogations.

Il signe et accepte tous billets, traites, lettres de change, endos et effets de commerce.

Il consent tous désistements de privilège, hypothèque, action résolutoire et autres droits de toute nature, et donne mainlevée de toutes inscriptions, saisies, oppositions et autres empêchements, le tout avec ou sans paiement. Il consent toutes antériorités.

Il exerce toutes actions judiciaires, traite, transige et compromet sur tous les intérêts de la Société. Il fait toutes élections de domicile.

Il arrête les comptes qui doivent être fournis à l'Assemblée générale, fait un rapport sur ces comptes et sur la situation des affaires sociales et propose la répartition des dividendes.

Il soumet à l'Assemblée toutes les propositions de fusion ou traités avec d'autres Sociétés, d'augmentation ou de diminution du capital social, de prorogation ou dissolution anticipée de la Société, de modifications ou additions aux présents statuts, et enfin il exécute toutes les décisions de l'Assemblée générale.

Il convoque l'Assemblée générale toutes les fois qu'il le juge utile, délibère sur toutes les propositions à faire à l'Assemblée et fixe l'ordre du jour.

Les pouvoirs ainsi conférés au Conseil sont énonciatifs et non limitatifs.

Le Conseil d'administration représentant la Société en justice, tant en demandant qu'en défendant, c'est à sa requête et contre lui que doivent être intentées toutes actions judiciaires.

Art. 37.

Le Conseil peut déléguer les pouvoirs qu'il juge convenables à un ou plusieurs de ses membres ou au Directeur.

Il peut, en outre, conférer des pouvoirs à telle personne que bon lui semble, par un mandat spécial et pour un objet déterminé.

§ 3. — Direction

Art. 38.

Les Administrateurs peuvent charger de la gestion des affaires courantes l'un d'eux qui prend le titre d'Administrateur-délégué, ou un Directeur, qui peut être pris même en dehors de la Société.

Le Conseil fixe la durée des fonctions, les attributions et le traitement du Directeur ou de l'Administrateur délégué.

Le Directeur assiste aux séances du Conseil avec voix consultative, seulement s'il n'en fait pas partie, il est chargé de l'exécution des délibérations du Conseil.

Art. 39.

Il est, en outre, institué une direction technique et artistique qui est confiée à M. Picard, le fondateur.

Cette fonction ne pourra être retirée à M. Picard que pour cause grave de malversation ou négligence absolue et par une délibération extraordinaire de l'Assemblée générale.

Dans le cas où M. Picard cesserait de l'exercer, la fonction pourra être supprimée par le Conseil d'administration et si elle est maintenue, le Conseil nommera et pourra révoquer le successeur de M. Picard.

Le traitement du Directeur technique sera fixé par le Conseil.

Art. 40.

Les Directeurs seront tenus chacun de déposer dans la Caisse sociale, à la garantie de leur gestion 50 actions de la Société avec la condition d'inaliénabilité signalée à l'article 29.

TITRE V.

Des Commissaires de surveillance.

Art. 41.

Il est nommé, chaque année, en Assemblée générale, un ou plusieurs Commissaires, associés ou non, chargés de remplir la mission prescrite par la loi.

Les premiers Commissaires sont nommés par l'Assemblée générale réunie en vertu de l'article 25 de la loi de 1867.

Il est alloué aux Commissaires une rémunération dont l'importance est fixée par l'Assemblée générale.

TITRE VI.

Des Assemblées générales.

Art. 42.

L'Assemblée générale, régulièrement constituée, représente l'universalité des actionnaires.

Les délibérations prises conformément aux statuts obligent les actionnaires, même absents, incapables ou dissidents.

Art. 43.

Elle se compose de tous les actionnaires, propriétaires de 25 actions au moins (sauf ce qui sera dit sous l'article 50 ci-après), et qui ont dûment libéré les versements appelés et exigibles sur les actions.

Nul ne peut être mandataire d'actionnaire s'il n'est actionnaire lui-même.

La forme des pouvoirs est déterminée par le Conseil d'administration.

Les femmes mariées sous tout autre régime que la séparation de biens, les mineurs et les interdits, peuvent être représentés aux Assemblées générales par leurs maris, pères, administrateurs légaux ou tuteurs.

Les usufruitiers et nus propriétaires doivent être représentés par l'un d'eux, muni du pouvoir de l'autre, ou par un mandataire commun, membre de l'Assemblée.

Les sociétés, communautés et établissements publics pourront être représentés par un Administrateur délégué, qui ne serait pas lui-même actionnaire.

Les propriétaires d'actions au porteur doivent, pour avoir le droit d'assister à l'Assemblée générale, déposer leurs titres 10 jours au moins avant l'époque fixée pour la réunion, au lieu et entre les mains des personnes désignées par le Conseil d'administration.

Les propriétaires d'actions nominatives et les porteurs de certificats de dépôts, mentionnés à l'article 18, ont droit d'assister à l'Assemblée générale, en justifiant que leurs actions sont inscrites sous leurs noms ou déposées dix jours au moins avant la date de la réunion.

Tous propriétaires d'un nombre d'actions inférieur à 20 pourront se réunir pour former le nombre nécessaire et se faire représenter par l'un d'eux.

Le Conseil d'administration peut abréger le délai de dix jours ci-dessus fixé pour le dépôt des titres, et le Bureau de l'Assemblée peut même admettre des actionnaires qui n'auraient pas effectué le dépôt de leurs titres avant la réunion.

ART. 44.

L'Assemblée générale se réunit de droit, chaque année, avant la fin du mois de juillet.

Elle se réunit en outre extraordinairement toutes les fois que le Conseil en reconnaît l'utilité, ou sur la convocation des Commissaires de surveillance en cas d'urgence.

Les réunions ont lieu au siège social, ou en tout autre lieu indiqué par l'avis de convocation.

Les convocations aux Assemblées générales sont faites par un avis inséré vingt jours au moins avant l'époque de la réunion, pour les assemblées ordinaires, et six jours au moins avant la réunion pour les assemblées extraordinaires, dans un des journaux désignés pour les annonces légales de Paris.

Pour les Assemblées générales extraordinaires, les avis de convocation doivent indiquer sommairement l'objet de la réunion.

Art. 45.

L'Assemblée générale est régulièrement constituée, lorsque les actionnaires présents ou représentés réunissent au moins le quart du fonds social (sauf ce qui sera dit sous l'article 50 ci-après).

Si, sur une première convocation, cette condition n'est pas remplie, une nouvelle Assemblée est convoquée, et elle délibère valablement, quelle que soit la portion du capital représentée par les actionnaires présents ; mais la délibération ne peut porter que sur les objets mis à l'ordre du jour de la première réunion.

Cette nouvelle réunion doit avoir lieu à quinze jours d'intervalle au moins, mais les convocations peuvent n'être faites que dix jours à l'avance.

Art. 46.

L'Assemblée générale est présidée par le Président du Conseil d'administration, et, à son défaut, par l'Administrateur délégué du Conseil.

Les fonctions de scrutateurs sont remplies par les deux plus forts actionnaires présents, et, sur leur refus, par ceux qui viennent après, jusqu'à acceptation.

Le Bureau désigne son secrétaire.

Art. 47.

Les délibérations sont prises à la majorité des voix des membres présents ; en cas de partage, la voix du Président est prépondérante.

Chaque membre de l'Assemblée a autant de voix qu'il représente de fois vingt actions, soit comme propriétaire, soit comme mandataire (sauf ce qui sera dit à l'article 50 ci-après) ; néanmoins, nul ne peut avoir, soit en son nom personnel, soit comme mandataire, plus de vingt voix.

Art. 48.

L'ordre du jour est arrêté par le Conseil d'administration.

Il n'y est porté que les propositions émanant du Conseil ou qui lui ont été communiquées cinq jours au moins avant la réunion, avec la signature de dix membres de l'Assemblée.

Il ne peut être mis en délibération que les objets portés à l'ordre du jour, à moins qu'il ne s'agisse de propositions qui auraient surgi des débats, auquel cas le Bureau décide souverainement si la proposition doit être soumise au vote de l'Assemblée.

Art. 49.

L'Assemblée générale entend le rapport du Conseil d'administration sur les affaires sociales ;

Elle entend également le rapport des Commissaires sur la situation de la Société, sur le bilan et sur les comptes présentés par les Administrateurs ;

Elle discute, rejette ou approuve les comptes et fixe les bénéfices à répartir sous forme de dividendes ou autrement ;

Elle nomme les Administrateurs et les Commissaires ;

Elle autorise toutes émissions d'obligations hypothécaires ou autres ;

Elle détermine les allocations du Conseil d'administration en jetons de présence, et celles des Commissaires ;

Elle délibère sur les propositions portées à l'ordre du jour ;

Elle statue sur toutes les matières qui excèdent les pouvoirs conférés sous le titre IV aux Administrateurs ;

Enfin, elle prononce souverainement sur tous les intérêts de la Société, et peut conférer, temporairement ou à titre permanent, des pouvoirs supplémentaires aux Administrateurs.

La délibération contenant l'approbation du bilan et des comptes doit être précédée du rapport des Commissaires, à peine de nullité.

Art. 50.

L'Assemblée générale, convoquée extraordinairement, peut, toujours, sur l'initiative du Conseil d'administration, modifier les présents Statuts, même dans leurs dispositions essentielles et fondamentales.

Elle peut décider notamment :

L'augmentation du capital social, par la création d'actions nouvelles, émises pour des apports en nature ou contre espèces.

L'amortissement total ou partiel de ce capital ;

La prorogation ou la dissolution anticipée de la Société ;

La fusion ou l'alliance de la Société avec d'autres Sociétés constituées ou à constituer ;

L'extension de l'objet de la Société.

Dans les cas prévus au présent article, l'Assemblée générale n'est régulièrement constituée et ne délibère valablement qu'autant qu'elle réunit un nombre d'actions représentant la moitié au moins du capital social.

L'Assemblée est composée comme il est dit article 43.

Toutefois, lorsque, sur une première convocation, l'Assemblée n'aura pu être constituée conformément à l'alinéa qui précède, le Conseil d'administration pourra procéder une ou plusieurs fois à de nouvelles convocations pour le même objet, en appelant, soit les actionnaires propriétaires de dix actions au moins, soit même tous les actionnaires indistinctement, à prendre part à l'Assemblée.

L'Assemblée, ainsi composée, ne sera elle-même régulièrement constituée que si les actionnaires présents représentent la moitié du capital social. Dans ce cas spécial, chaque actionnaire a au moins une voix et autant de voix qu'il possède de fois dix actions, sans pouvoir cependant émettre plus de dix voix, soit comme actionnaire, soit comme mandataire.

Art. 51.

Les délibérations de l'Assemblée générale sont constatées par des procès-verbaux inscrits sur un registre spécial et signés des membres du bureau.

Une feuille de présence, contenant les noms et domiciles des actionnaires présents et le nombre d'actions dont chacun est porteur, est certifiée par le bureau et reste annexée au procès-verbal.

Art. 52.

Les copies ou extraits, à produire en justice ou ailleurs, des délibérations de l'Assemblée, sont signés par le Président du Conseil d'administration ou, à son défaut, par un autre Administrateur.

Après la dissolution de la Société et pendant sa liquidation, ces copies ou extraits sont certifiés par les liquidateurs.

TITRE VII.

États de situation. — Comptes annuels.
Fonds de réserve. — Répartition des bénéfices.

ART. 53.

L'année sociale commence le premier juillet et finit le trente juin.

Par exception, le premier exercice comprendra le temps écoulé entre la constitution définitive de la Société et le trente juin 1900.

ART. 54.

Le Conseil d'administration dresse, chaque semestre, un état sommaire de la situation active et passive de la Société.

Cet état est mis à la disposition des Commissaires.

Il est, en outre, établi, à la fin de chaque année sociale, un inventaire contenant l'indication des valeurs mobilières et immobilières, et de toutes les dettes actives et passives de la Société.

L'inventaire, le bilan et le compte de profits et pertes sont mis à la disposition des Commissaires, le quarantième jour au plus tard avant l'Assemblée générale. Ils sont présentés à cette Assemblée.

Quinze jours avant l'Assemblée générale, tout actionnaire peut prendre, au siège social, communication de l'inventaire et de la liste des actionnaires, et se faire délivrer à ses frais copie du bilan résumant l'inventaire, et du rapport des Commissaires.

ART. 55.

Les produits nets de la Société, déduction faite de toutes les charges, notamment de l'amortissement des obligations, s'il en existe, et des prélèvements autorisés par l'article 56 ci-après, constituent les bénéfices.

Sur ces bénéfices, il est prélevé :

1° Cinq pour cent, pour constituer la réserve légale ;

2° La somme suffisante pour payer annuellement aux actionnaires, à titre de premier dividende, cinq pour cent des sommes dont les actions seraient libérées et non amorties, sans que, si les bénéfices d'une année ne permettaient pas ce payement, les actionnaires puissent le réclamer sur les bénéfices des années subséquentes.

Le solde est réparti comme suit :

1° 15 % au Conseil d'administration ;

2° 65 % aux actionnaires ;

3° 20 % aux parts bénéficiaires.

Art. 56.

L'Assemblée générale pourra décider annuellement le prélèvement, sur les 65 % attribués aux actionnaires, d'une somme destinée à constituer un fonds d'amortissement.

Ce fonds est employé chaque année, jusqu'à due concurrence, au remboursement d'un nombre d'actions à déterminer.

La désignation des actions à amortir a lieu au moyen d'un tirage au sort qui se fait annuellement, aux époques et suivant les formes désignées par le Conseil d'administration. Les numéros des actions désignées par le sort pour être remboursées sont publiés dans un journal d'annonces légales de Paris.

Les propriétaires des actions désignées par le tirage au sort pour le remboursement recevront :

1° Le capital effectivement versé de leurs actions ;

2° L'intérêt de ladite somme, calculé à raison de cinq pour cent (5 %) jusqu'au jour indiqué pour le remboursement ;

3° Les dividendes de l'exercice expiré le trente juin précédent ;

4° Et, en échange de leurs actions primitives, des actions spéciales, dites actions de jouissance, qui ne donnent plus droit qu'à leur part proportionnelle de soixante-cinq pour cent (65 %) dans les bénéfices nets déterminés par l'article 55.

Ces actions conservent, sauf le prélèvement du premier dividende de cinq pour cent (5 %), les mêmes droits que les actions non amorties.

Art. 57.

Le fonds de réserve se compose de l'accumulation des sommes produites par le prélèvement annuel opéré sur les bénéfices en exécution de l'article 55.

Lorsque le fonds de réserve aura, au moyen de ce prélèvement, atteint une somme égale au dixième du capital social, le prélèvement pourra cesser d'avoir lieu. Il reprendra son cours si la réserve vient à être entamée.

Art. 58.

Le payement des dividendes se fait annuellement à l'époque fixée par le Conseil d'administration.

Le Conseil d'administration pourra, néanmoins, dans le cours de chaque année, procéder à la répartition d'un acompte sur le dividende de l'année courante, si les bénéfices réalisés le permettent.

TITRE VIII.

Dissolution. — Liquidation.

Art. 59.

En cas de perte de moitié du capital social, les Administrateurs devront provoquer la réunion de l'Assemblée générale de tous les actionnaires, à l'effet de statuer sur la question de savoir s'il y a lieu de continuer la Société ou de prononcer sa dissolution.

L'Assemblée se constituera et délibérera dans les conditions déterminées par la loi.

Sa résolution sera, dans tous les cas, rendue publique.

Art. 60.

A l'expiration de la Société ou en cas de dissolution anticipée, l'Assemblée générale règle le mode de liquidation et nomme un ou plusieurs liquidateurs, dont elle détermine les pouvoirs.

Pendant la liquidation, les pouvoirs de l'Assemblée générale se continuent comme pendant l'existence de la Société, et tous les éléments de l'actif social continuent à demeurer la propriété de l'être moral collectif.

Les liquidateurs peuvent, avec l'autorisation de l'Assemblée générale, faire apport ou vente à une autre Société ou à toute autre personne, des biens, droits et obligations, tant actifs que passifs, de la Société dissoute.

Après le règlement des engagements sociaux, le produit net de la liquidation sera employé d'abord à l'amortissement complet des actions, s'il n'avait pas encore eu lieu ; ensuite, il sera prélevé au profit de tous les actionnaires indistinctement une somme égale à celle qui aurait, dans les termes de l'article 57, été distraite de leur part de bénéfices et reçu l'emploi déterminé par cet article, et le surplus sera réparti : 80 % aux actionnaires, (20 %) aux propriétaires des parts bénéficiaires.

TITRE IX.

Contestations.

Art. 61.

Toutes les contestations qui pourront s'élever pendant le cours de la Société ou lors de sa liquidation, soit entre les actionnaires, la Société, les Administrateurs ou les Commissaires, soit entre les actionnaires eux-mêmes, relativement aux affaires sociales, seront soumises à la juridiction des tribunaux compétents du département de la Seine.

A cet effet, tout actionnaire doit faire élection de domicile dans cet arrondissement; à défaut d'élection de domicile, cette élection a lieu de plein droit au parquet de M. le Procureur de République, près le tribunal civil de la Seine.

Toutes notifications et assignations sont valablement faites au domicile élu formellement ou implicitement.

ART. 62.

Les contestations touchant l'intérêt général et collectif de la Société ne peuvent être dirigées contre le Conseil d'administration, ou l'un de ses membres, qu'au nom de la masse des actionnaires et en vertu d'une délibération de l'Assemblée générale.

Tout actionnaire qui veut provoquer une contestation de cette nature doit en faire, quinze jours au moins avant la prochaine Assemblée générale, l'objet d'une communication au Président du Conseil d'administration qui est tenu de mettre la proposition à l'ordre du jour de cette Assemblée.

Si la proposition est repoussée par l'Assemblée, aucun actionnaire ne peut la reproduire en justice dans un intérêt particulier ; si elle est accueillie, l'Assemblée générale désigne un ou plusieurs Commissaires pour suivre la contestation.

Les significations auxquelles donne lieu la procédure sont adressées uniquement aux Commissaires.

TITRE X.

Conditions de constitution de la présente Société.

Art. 63.

La présente Société ne sera définitivemant constituée qu'après :

1° Que toutes les actions en numéraire auront été souscrites et libérées du quart, ce qui sera constaté par une déclaration notariée, conformément à la loi.

2° Qu'une première assemblée générale, où tous les actionnaires auront le droit d'assister et dont les membres représenteront au moins la moitié du capital social, aura reconnu la sincérité de la déclaration de souscription et nommé un ou plusieurs Commissaires, à l'effet de faire un rapport sur les apports et les avantages stipulés.

3° Qu'une deuxième Assemblée générale, constituée, de la même manière, aura, après un rapport imprimé émanant du ou des Commissaires et qui sera tenu à la disposition des actionnaires cinq jours au moins avant la réunion, statué sur lesdits apports et avantages, nommé les premiers Administrateurs, en sus de celui désigné par les statuts, le ou les Commissaires, et constaté l'acceptation de leurs fonctions, tant par les Administrateurs que par les Commissaires.

Les délibérations de ces deux Assemblées doivent être prises à la majorité des voix des actionnaires présents et dans les conditions prescrites par la loi du 24 juillet 1867.

Les mandataires qui représenteront des actionnaires à ces deux Assemblées pourront être indistinctement choisis parmi les actionnaires ou parmi les étrangers.

Enfin, chaque personne figurant à ces Assemblées aura au moins une voix et autant de voix qu'elle représentera de fois vingt actions, sans pouvoir cependant jamais émettre plus de dix voix, conformément à la loi.

Par exception, ces Assemblées pourront être convoquées, savoir : la première trois jours à l'avance, et la deuxième six jours à l'avance, par lettres individuelles ou par une insertion dans un des journaux d'annonces légales de Paris.

Ces deux Assemblées ou l'une d'elles pourront, avec le consentement des fondateurs, à la simple majorité des voix des membres présents, apporter toutes modifications aux présents statuts, quel qu'en soit l'objet.

Art. 64.

Toutes les modifications que les fondateurs pourraient apporter aux présents statuts avant la déclaration de souscription et de versement du premier quart, sur quelque point que ce soit, même lorsqu'elles auraient pour objet d'augmenter ou de diminuer le capital social et de créer des obligations, feront partie intégrante des statuts et lieront tous les souscripteurs d'actions, sans avoir égard à la date de leur souscription, pourvu qu'elles soient approuvées par les Assemblées constitutives de la Société, conformément au paragraphe final de l'article précédent.

TITRE XI.

Publications.

Art. 65 et dernier.

Le présent acte de Société et les pièces justificatives de la constitution définitive sont déposés et publiés conformément à la loi.

Tous pouvoirs sont donnés aux porteurs des pièces pour le dépôt et les publications dont il s'agit.

Lille Imp. L. Danel

www.ingramcontent.com/pod-product-compliance
Lightning Source LLC
Chambersburg PA
CBHW071203240526
45470CB00017B/1262